LAS VALIENTES POSIDONIAS

EL VIEJECITO ALFONSO ES AMIGO DE LAS POSIDONIAS,

y puede estar hablando con ellas bajo las aguas del mar, gracias al oxígeno que producen sus amigas. Un día sus charlas se vieron interrumpidas por la presencia de miles de pequeños peces que corrían peligro, pero las posidonias, como eran muy valientes, los defendieron, además de conseguir algo muy valioso para el mar...

VALORES IMPLÍCITOS:

El amor y el cuidado de la naturaleza son fundamentales para la vida de todo el mundo. El mar, las posidonias y las personas tenemos que saber vivir como si fuéramos una familia maravillosa, pues la naturaleza es nuestro futuro.

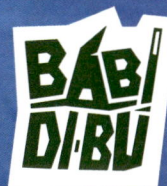

Alfonso Carlos Del Cristo Del Refugio Romero Gallego

LAS VALIENTES POSIDONIAS

Ilustrado por Laliver

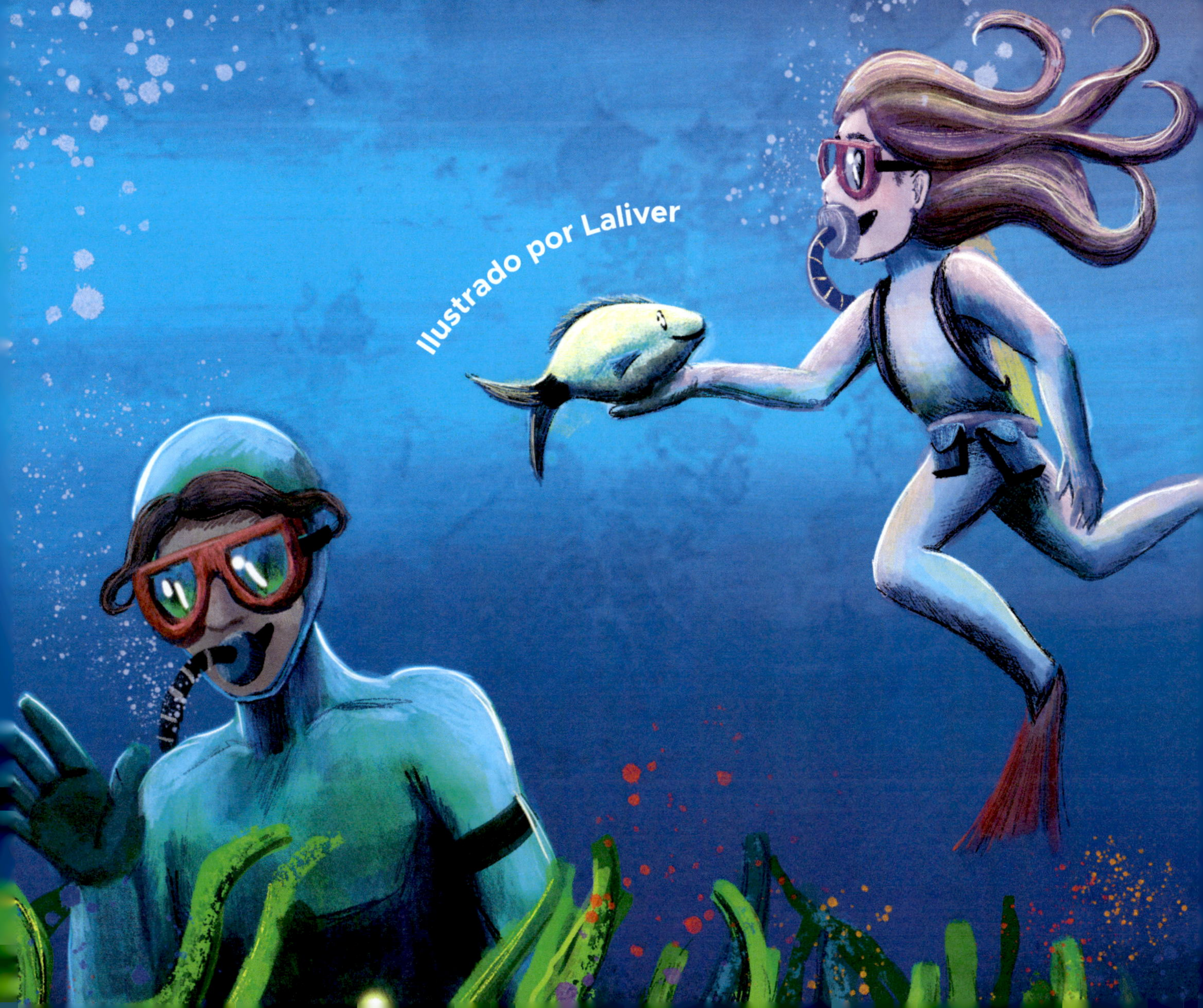

BABIDI-BÚ

El autor dona todos los beneficios de la venta de esta edición
a la «Asociación de Padres de Niños y Adolescentes con
Cáncer» de Almería y Provincia (ARGAR)

Alfonso es un viejecito que tiene la capacidad extraordinaria de respirar en las profundidades de los mares sin necesidad de ayuda artificial.

El viejecito Alfonso viste con botines, calcetines largos, pantalón corto, una camisa de algodón y colores naturales predominando el azul, que había sido confeccionada de forma artesanal y pintada a mano por los nativos centroamericanos, representando jeroglíficos y dibujos que recogían su historia. Siempre lleva un bastón con un puño de plata y una boina grande que cubre su larga melena de color blanco, por el paso de los años.

Alfonso va a las profundidades marinas con la misma ropa, es como si fuese un uniforme. Día tras día llega y se sienta sobre una pequeña roca y pasa horas y horas hablando con sus amiguitas, las posidonias.

El viejecito Alfonso les cuenta a las posidonias lo que pasa en tierra firme; y sus amigas les relatan historias que ocurren en las profundidades de la mar. Siempre va solo, ya que las demás personas no pueden respirar bajo el agua de forma natural. Y las posidonias, que lo esperan todos los días, siempre estaban en familia.

Al final de la tarde, como en todas las tardes, las risas, la ilusión y la fantasía son el gran argumento de sus diálogos.

Las posidonias son unas plantas acuáticas, esbeltas y de color verde que en ocasiones tienen matices marrones, según la profundidad en la que se encuentran o la edad que tengan. Viven en familia y están muy unidas formando un mundo de vegetación y de vida maravilloso. Además, crean una naturaleza básica en el fondo de los mares, oxigenando las aguas de los océanos, aportando grandes nutrientes y residuos que sirven de alimento para otras especies marinas. También son como una casa que protege a muchas familias de peces.

En las entrañas del mar existe un mundo lleno de color, de vida y de alegría. Pero al mismo tiempo es un lugar de supervivencia, de miedos y, a veces, de muerte. Unos peces necesitan alimentarse de otros para poder sobrevivir. Y las posidonias son básicas para una mejor biodiversidad. La naturaleza marina necesita de la generosidad de nuestras heroínas.

La alfombra vegetal que forman las posidonias está continuamente en movimiento, creando una sinfonía de dibujos y colores que bailan sin cesar, alegrando la vida de otros vegetales, de los peces que se acercan y viven a su alrededor, y el rostro de su amigo Alfonso.

El viejo, que respira bajo el agua, pasa todo el día con sus amigas. Alfonso lleva su comida y sus historias para contar. Le alimentan más sus cuentos y fantasías que el pan y la fruta de la que se nutre. Hay días que el mar está revuelto y las posidonias envuelven a su amigo viejecito, como si fuese un manto, para resguardarlo de la fuerte corriente del agua.

Alfonso se siente mejor que en su propia casa, donde se encuentra muy solo. Y, sin embargo, en las posidonias encuentra a su verdadera familia. Sus amigas le sirven de chimenea. Sus amigas son como el aire fresco que te da vida creando versos con alma y con sentimiento, dando sentido a su presente y creando un futuro maravilloso de vida.

Los días pasan y nunca hay monotonía, pues las historias son muchas y se diferencian unas de otras. Siempre las adorna con imaginación y buen humor. La realidad y la fantasía se mezclan creando una fiesta diaria con sus amigas posidonias.

Las plantas que adornan la vida del mundo marino siempre están predispuestas para ayudar a todas las especies que nadan, corretean o sueñan sus aventuras mojadas de juegos y fantasía. Las posidonias comparten con sus amigas y amigos de la fauna marina todo el sentimiento que llevan dentro y lo hacen con mucho cariño y generosidad. Además, siempre están muy unidas, creando una gran fuerza colectiva llena de sabiduría y sonrisas.

Los días pasaban con normalidad. Algunas discusiones, muchos juegos, historias que compartir. Días con frío y otros más calurosos. Todo ocurría más o menos con tranquilidad. Hasta que una mañana, el viejecito Alfonso observó que ocurría algo raro cerca de todos. Notó como los pececitos pequeños, los bebés, estaban muy nerviosos.

Los peces más jóvenes dejaron de jugar, y el viejecito vio que había miedo en sus ojos. Y todo esto le preocupó mucho. Por lo que muy rápido se lo comentó a sus amigas las posidonias. Alfonso creía que algo malo estaba sucediendo, y todos empezaron a investigar para saber qué es lo que estaba ocurriendo. Comenzaron por preguntarles a los peces bebés por qué tenían miedo.

Algunas posidonias se acercaron a los pececitos para hablar con ellos y que les contasen qué estaba pasando. Pero cada pez contaba una cosa u otra diferente. Había mucha confusión, aunque todos coincidían en que algo muy malo estaba pasando. Las posidonias intentaron tranquilizar a los bebés. Y les decían:

—No os preocupéis, que si tenéis algún problema, nosotras os ayudaremos.

Y cuando parecía que todo se estaba tranquilizando, miles de pececitos nadaban sin rumbo y gritando mucho. Y eran bastantes los que lloraban de miedo.

—¿Qué os ocurre? ¿Qué os pasa? —preguntaban algunas posidonias.

—Ayudadnos, ayudadnos, por favor. Nos quieren comer. Por favor, no dejéis que nos coman, ayudadnos, que no queremos morir —gritaban los pececitos, reclamando ayuda.

Las posidonias se organizaron muy rápido y les abrieron un camino para que pasaran al interior de la casa en la que vivía esta maravillosa familia de vegetales del mundo de las aguas profundas en el mar. Y en el interior y rodeados los pececitos por las valientes posidonias, se sentían seguros; aunque el miedo no había desaparecido.

—Tranquilizaos, amiguitos, y contadnos qué es lo que os ocurre, que nosotras os vamos a ayudar.

Y todas las posidonias afirmaban con un movimiento de cabeza.

Avanzó uno de los pececitos y, muy nervioso, intentaba explicar lo que pasaba:

—Estábamos jugando… —Y dejó de hablar porque comenzó a llorar temblando de miedo.

—Tranquilízate y cuéntanos qué pasa, que con nosotras no os va a ocurrir nada malo —trataban de tranquilizarlo las posidonias.

Y mientras, ellas intentaban que los pececitos les contasen qué es lo que ocurría. El viejecito Alfonso miraba en todas las direcciones y, dando una vuelta por los alrededores, intentaba averiguar por su cuenta qué era lo que atemorizaba tanto a los peces bebés, y tratar de aconsejar a las posidonias qué era lo mejor que podrían hacer.

Conforme pasaban los minutos, los pececitos llegaban por miles y se escondían detrás de las posidonias. Todos llegaban muy nerviosos y con cara de miedo. Las lágrimas mojaban la cara de muchos de ellos. En su carrera, unos tropezaban con otros y algunos se caían, pero tenían a su lado a las posidonias, que salieron a ayudarlos e intentar tranquilizarlos. Y les repetían una y otra vez:

—Tranquilos, que estamos aquí para ayudaros y no os va a pasar nada malo.

Al final, las posidonias se informaron de lo que estaba ocurriendo. Y pudieron saber por qué nadaban de un lado para otro y cuál era la razón de su miedo.

Los pececitos eran perseguidos por unos peces muy grandes que se los querían comer.

—Son unos miles —decían unos.

—Hay varios cientos de peces gigantes que nos persiguen para comernos. Ayudadnos, por favor—seguían gritando.

Las posidonias les dejaron pasar a su interior para protegerlos. Allí estarían a salvo. Pero el miedo continuaba en el interior de cada pececito. Y de pronto se oyó la voz de Alfonso que gritaba:

—Ya vienen, ya vienen. Son muy grandes, pero solo son cuatro.

En ese instante, las posidonias se reagruparon convirtiéndose en una muralla por la que no podrían pasar los cuatro peces gigantes. Y al llegar cerca de las posidonias, uno de ellos, con voz muy potente, les gritaba:

—Apartaos y dejadnos pasar, que vosotras no pintáis nada en este asunto.

—No, no os vamos a dejar pasar —respondían las posidonias—. Estos pececitos no os han hecho nada malo, son nuestros amigos y los vamos a proteger.

Enfadados, los peces grandes empezaron a dar vueltas alrededor de las posidonias buscando un hueco por el que poder pasar. Pero ellas se habían hecho fuertes y no se dejaron influir por la fuerza y el tamaño de los peces cazadores de pececitos.

Los gigantes del mar no se querían ir sin haberse comido a muchos pececitos. Por lo que estaban muy enfadados con las valientes posidonias. Y volvieron a repetir con gran violencia y con amenazas:

—Apartaos, porque si no lo hacéis, os comeremos a vosotras; apartaos y no seáis tontas.

Pero las posidonias no se dejaron intimidar por estos chulos. Entonces, una posidonia se adelantó acercándose a los intrusos, y de forma enérgica les contestó:

—No sois peces buenos y queréis hacer daño a nuestros amigos. Pero no lo vais a conseguir. En el mar hay alimentos suficientes para todos, sin que tengáis que matar a ningún otro pez.

Estas palabras no les gustaron nada a los gigantes, que se enfurecieron más. Daban vueltas alrededor de las valientes plantas de las profundidades marinas. Y, en grupo, atacaban una y otra vez. Algunas posidonias resultaron heridas. Entonces decidieron que era el momento de entrar en acción; así que todas, unidas, manifestaron su malestar por las compañeras heridas. Y es cuando una de las líderes se adelantó y les gritó muy enfadada:

—Nos habéis atacado y les habéis hecho daño a algunas de nuestras compañeras. Estamos preparadas para defendernos, y será mejor que os vayáis.

El viejecito Alfonso, preocupado pero con gran calma, les decía a los gigantones:

—No seáis tontos y marchaos, que las valientes posidonias son más fuertes que vosotros y os van a vencer.

Los peces grandes se reían y le decían al viejecito:

—Tú, viejo, cállate y vete a dormir calentito a tu cama, ja, ja, ja…

Cuando volvían a atacar los peces malos, las posidonias se reagruparon y escucharon el grito de su amigo el viejecito Alfonso:

—Ahora, todas al mismo tiempo. Con fuerza y valentía.

Entonces las posidonias comenzaron a moverse todas unidas y en un solo movimiento. En ese instante, crecieron en tamaño y cada segundo que pasaba, crecían y crecían. Con gran inteligencia, rodearon a los cuatro peces grandes y los empujaron de un lado para otro con tanta fuerza que los grandullones tuvieron que retroceder. Los violentos se apartaron con mucho miedo, y cuando estaban a más de diez metros, uno de ellos volvió la cabeza gritándoles desesperado:

—Os vais a arrepentir. Vamos a avisar a nuestra familia y volveremos para comeros, primero, a vosotras.

Y las posidonias entre carcajadas gritaban:

—Adelante, chulitos, volved que os estaremos esperando. Y como regreséis, os vamos a dar una gran paliza.

Y tras unas horas muy tensas con graves enfrentamientos, llegó la calma. Poco a poco salían los pececitos desde el interior de la fortaleza que habían creado las posidonias. Y aunque el peligro había pasado, los pequeñines seguían teniendo el miedo en el cuerpo, en sus escamas y en sus mentes. Para tranquilizarlos, las posidonias les decían:

—No tengáis miedo. Ya ha pasado todo lo peor. Y si otro día os vuelven a molestar esos chulos cobardes, venís rápido con nosotras, que siempre os vamos a defender.

Los pececitos se fueron calmando y se iban sentando alrededor del viejecito Alfonso. Y así, el amigo de las posidonias y de los pececitos les contaba historias fantásticas que les encantaban a los más pequeños, los cuales le hacían muchas preguntas.

Y Alfonso, con su larga melena que caía sobre sus hombros y se movía al ritmo de las aguas, les contaba la historia de su amiga Liza bonita y les hablaba de peces buenos como tiburón mamá y tiburón bebé. También les contó que existía una estrella maravillosa que hablaba con las personas de todo el mundo y que hacía muchas cosas buenas por quienes lo necesitaran.

Además, les decía que al igual que en el mar había peces buenos y peces malos, en la tierra también vivían personas malas y personas buenas. También les enseñaba que todas las personas buenas, las plantas maravillosas y los peces como ellos tenían que estar unidos para hacer cosas extraordinarias y maravillosas por la vida. Y con la ayuda de la estrella, que era amiga de todo el mundo, tendríamos una vida mejor. Y también las valientes posidonias, pues tenían una estrella mágica en su interior.

De esta forma, la vida en el fondo de los mares empezó a cambiar. Y todas las tardes se reunían miles de pececitos con las posidonias para escuchar las maravillosas historias del viejecito sabio, que con gran bondad solidaria recogía, con sus palabras, las almas de todos los seres vivos de los mares, y las posidonias se encargaban de que sus palabras fueran viajando de océano en océano para que fueran conocidas en todo el planeta.

Y día tras día, las historias que más gustaban eran las aventuras de *Liza bonita y su amiga la estrella*, y en ocasiones, cuando había poca luz, entraba una luz inmensa que iluminaba a peces y posidonias. Era la estrella mágica, que también protegía a sus amigas y amigos de los mares.

Alfonso les contaba historias hermosas llenas de imaginación, de amor, de amistad, de fantasía y de vida. Y siempre les hablaba con una sonrisa en su rostro, regalando, generosamente, su bondad y sus sentimientos.

Los días iban pasando, y en los alrededores de la casa de las posidonias la tranquilidad era lo cotidiano. Solo se veía interrumpida por el jolgorio de los pececitos y las posidonias. Y todo ante la atenta mirada de Alfonso, el viejecito que podía respirar bajo el agua sin ayuda artificial del oxígeno, y que nunca dejaba de vigilar para que todo estuviese tranquilo y evitar los peligros.

Pero un día, la calma se vio alterada y eran miles de pececitos los que se acercaban al lugar donde charlaban las posidonias con su amigo Alfonso. Iban nadando muy aprisa y, alterados, gritaban:

—Es horrible, es horrible…

Las posidonias, prevenidas por Alfonso, abrieron la puerta de entrada a su casa para que entraran todos los pececitos que iban llegando a gran velocidad. Y con estos dentro, poder informarse de lo que pasaba y ayudar a sus amigos.

Pero la sorpresa fue mayúscula cuando las posidonias observaron que los peces grandes, los «chulitos», también corrían despavoridos hacia las posidonias y les pedían ayuda:

—Por favor, ayudadnos, que nos quieren matar.

Y las posidonias les contestaban:

—Ahora queréis ayuda, y el otro día os queríais comer a los pececitos. ¡Abusones!, ¿y ahora qué es lo que os pasa?

—Lo sentimos mucho, nos equivocamos, pero no lo volveremos a hacer —explicaba uno de los muchos peces grandes que estaban llegando—. Lo hicimos mal y os pedimos perdón a vosotras y a los pececitos. Pero ahora necesitamos que nos ayudéis.

—Contadnos qué os pasa —les dijeron las posidonias.

Muy nervioso, el pez más grande contestaba:

—Unas personas con unos trajes muy raros nos persiguen, y llevan unas pistolas para matarnos y no sabemos qué hacer.

—Bueno, ahora entrad y hablaremos más tarde de vuestra actitud —les explicaban las posidonias mientras que algunas de ellas hablaban con su amigo el viejecito.

Así comenzaron a preparar una estrategia para defender a los peces pequeños y a los grandes. Y también se tenían que proteger ellas del peligro que se avecinaba.

Cuando estaban hablando, llegaron tres buzos con pistolas y fusiles acuáticos, y al acercarse, comenzaron a gritar:

—Ahí se han escondido, ya son nuestros. Hoy vamos a tener una buena pesca.

Entonces el viejecito se acercó a ellos para dialogar y disuadirlos de las pretensiones que tenían. Pero estos se reían y gritaban:

—Mirad, aquí está el viejo loco amigo de las posidonias. Apártate, viejo, o también te pescaremos a ti. Pues eres mitad persona y mitad pez. ¡Puede ser nuestra mejor captura! ¡Ja, ja, ja…!

—No seáis tontos —respondía Alfonso—, las posidonias son más fuertes que vosotros, os vencerán y os harán mucho daño. Lo mejor que podéis hacer es marcharos por el camino que habéis venido.

Y los buzos se reían sin parar mientras balbuceaban:

—Estas plantas nos van a comer, ¡ja, ja, ja…! Estás loco, viejo. Apártate que ya hemos perdido mucho tiempo contigo. Y vosotras, posidonias, apartaos que no os queremos hacer daño —gritaban los buzos con actitud violenta y desagradable.

—No os vamos a permitir que les hagáis daño a nuestros amigos. Si les golpeáis a ellos, es como si nos golpearais a nosotras. Mejor será que os vayáis y que no volváis más —respondían con gran energía las posidonias, que estaban preparadas para defenderse del ataque de los buzos malos.

—Estas se han contagiado de la locura del viejo. Ja, ja, ja... —reían y reían los intrusos, sin saber qué les esperaba.

Y las posidonias, muy enfadadas, respondían:

—No os lo vamos a repetir más veces. Mejor será que os marchéis. Ya se ha acabado nuestra paciencia, y vamos a tener que daros una lección.

La disputa verbal estaba muy acalorada, mientras que en el interior, los peces grandes pedían perdón a los pececitos y les rogaban que los dejaran ser sus amigos, y que desde ese momento los defenderían de cualquier peligro que tuviesen.

En la voz de los peces grandes y de los pequeñines, se notaba una gran intranquilidad que originaba el miedo que habían pasado y que aún estaba en su cuerpo. Pero al mismo tiempo, confiaban en las posidonias, que eran sus amigas y que formaban un gran ejército de defensa de la paz y de toda la vida marina.

La discusión entre las posidonias y los buzos continuaba. Y con el paso del tiempo, los insultos de los buzos «chulitos» iban a más. Entonces, las posidonias entendieron que era el momento de actuar. Ya se tenían que acabar las tonterías. Y cuando se estaban preparando para un ataque sorpresa, en ese instante se escuchó un grito muy potente de uno de los buzos:

—¡A por ellas!

E intentaron abrir un hueco en la muralla que habían creado en equipo las posidonias con sus cuerpos, y al grito de «¡Ahora!», comenzaron a crecer y a crecer, rodeando a los buzos y abrazándolos con mucha fuerza para neutralizarlos.

Con su estrategia, lo primero que consiguieron las posidonias fue quitarles las armas a los buzos. Y, seguidamente, los tumbaron y los pusieron boca abajo en el fondo de la mar.

—¿Y ahora qué, chulitos?, ¿os creéis muy fuertes?

—No, no nos hagáis daño, por favor. No queremos morir —rogaban los buzos.

—Pero ¿sí os parece bien que os dejemos matar a los peces? —preguntaban las posidonias.

—No, ya no queremos. No sabíamos lo que estábamos haciendo. Habíamos perdido la razón. Os prometemos que no lo volveremos a hacer. Nos vamos a portar bien.

Y entre tanto, Alfonso se acercó dirigiéndose a las posidonias:

—Les podemos perdonar, y si prometen que se portarán bien, les damos otra oportunidad para que entiendan que es bueno que todos los que habitamos en la mar nos llevemos bien y que podamos ser amigos. Así la vida será mejor y más justa.

—Vale, vale —gritaban los buzos muy asustados.

Entonces las posidonias preguntaron al viejo y sabio amigo:

—¿Y tú qué propones, Alfonso?

—Los buzos nos podrían ayudar a limpiar las aguas de los océanos y hacer una campaña de publicidad para que ninguna persona arroje basura ni tire plásticos al mar… Y que los peces gigantes deben ayudar a los pececitos para que haya paz entre todos —respondió Alfonso.

A los buzos y a las posidonias les pareció muy bien la propuesta de su amigo. Y acordaron que les preguntarían a los peces para saber qué opinaban.

Los peces, ya tranquilos, salieron del interior del refugio que les habían ofrecido las posidonias y dijeron que estaban de acuerdo. Pensaban que en el mar había sitio para vivir todos en paz, rodeados de amistad y alegría.

Llegó la tranquilidad y cada uno se marchó por su camino hacia sus casas. Quedaron en que todos se volverían a ver el fin de semana para hablar con más tranquilidad y compartir sus vidas con ilusión y felicidad.

Pasaron los días y por fin llegó el sábado. El primero en llegar a la casa de las posidonias fue Alfonso. Caminando tranquilo iba nadando con una gran sonrisa y se sentó en su roca favorita; hablaba y hablaba con sus amigas, sobre todo, de lo que había pasado unos días antes.

Después llegaron los peces grandes con sus familias, y a continuación los pececitos, que llegaron entre juegos y cantos alegres.

Pasaban las horas y los buzos no aparecían. Por lo que pensaban que los habían engañado y que no iban a aparecer. De pronto, sobresaltado de alegría, gritó Alfonso:

—Bravo, bravo, al final han decidido venir. Y son muchos. ¡Muy bien!

Los buzos llegaron acompañados de sus familias.

Al llegar se saludaron todos de forma muy amigable. Y la persona de más edad tomó la palabra:

—Gracias por todo lo bueno que habéis hecho por nosotros y lo mucho que nos habéis enseñado. Pedimos perdón por lo mal que nos hemos portado. Y nos habéis enseñado que entre todos tenemos que cuidar la naturaleza para poder vivir juntos y en paz; y además, saber ayudarnos para que la vida sea más hermosa. Ahora estamos muy contentos porque somos más felices, gracias a las valientes posidonias, a todos los peces y a la sabiduría de Alfonso, que ahora sabemos que no está loco.

»Y agradecidos por lo que habéis hecho, os comunicamos que hemos roto todas las pistolas y todos los fusiles acuáticos. Además, os hemos traído unos regalos. ¡Muchas gracias a todos!

Todos celebraron esta buena noticia. Y los más pequeños disfrutaban con los regalos que les habían traído las familias de buzos.

El arcoíris participó de esta fiesta penetrando a través de las aguas. Y aunque era de día, una luz muy fuerte les daba energía a todos. Era la estrella mágica que no se quiso perder esta fiesta. Todo era colorido y fantasía. Un día maravilloso.

Ante tanto jolgorio, el viejecito Alfonso volvió a tomar la palabra, y pidiendo un poco de silencio les dijo:

—Si os parece bien, a partir de ahora nos podemos reunir todos los fines de semana para hablar y hacer proyectos que nos unan a todos. Para jugar, para cantar o bailar. Y así estar unidos para ser mejores y más felices.

Todos gritaron al mismo tiempo:

—¡Bravo, bravo! ¡Es una idea magnífica!

Desde entonces, el mar fue un lugar maravilloso donde reinaba la paz y la amistad entre peces y personas, al lado de las valientes posidonias, que con gran alegría bailaban moviendo armónicamente sus brazos con una coreografía espléndida. Se sumaron todos al baile de las posidonias, en el que sonaba su música, la música de la amistad: «Ti-ti-ti, ta-ta-ta, to-to-to, te-te-te, tu-tu-tu».

Desde entonces, la vida nunca murió en la mar, y todo gracias a las sabias y valientes posidonias.

Las valientes posidonias

© del texto: Alfonso Carlos Del Cristo Del Refugio Romero Gallego
© de las ilustraciones: Laliver
© del diseño y corrección: Equipo BABIDI-BÚ

© de esta edición:
Editorial BABIDI-BÚ, 2024
Avda. San Francisco Javier, 9, 6ª, 23
Edificio Sevilla 2
41018 - SEVILLA
Tlfn: 912.665.684
info@babidibulibros.com
www.babidibulibros.com

Impreso en España
Primera edición: septiembre, 2024

ISBN: 978-84-10412-19-4
Depósito Legal: SE 1679-2024